Music Minus One

MMO
4091

*V*ERDI

Opera Arias

for

Soprano and Orchestra

VOLUME III

IL TROVATORE, Act IV

"Timor di me?...D'amor sull'ali rosee"

Giuseppe Verdi
(1813-1901)

CDG
4091

Verdi Opera Arias

for Soprano &
Orchestra, Vol. III

SUGGESTIONS FOR USING THIS MMO EDITION

WE HAVE TRIED to create a product that will provide you an easy way to learn and perform these operatic arias with a full orchestra in the comfort of your own home. Because it involves a fixed orchestral performance, there is an inherent lack of flexibility in tempo and cadenza length. The following MMO features and techniques will reduce these inflexibilities and help you maximize the effectiveness of the MMO practice and performance system:

Where the soloist begins a movement *solo*, we have provided an introductory measure with subtle taps inserted at the actual tempo before the soloist's entrance.

Regarding tempi: we have observed generally accepted tempi, but some may wish to perform at a different tempo, or to slow down or speed up the accompaniment for practice purposes. You can purchase from MMO (or from other audio and electronics dealers) specialized CD players and recorders which allow variable speed while maintaining proper pitch. This is an indispensable tool for the serious musician and you may wish to look into purchasing this useful piece of equipment for full enjoyment of all your MMO editions.

We want to provide you with the most useful practice and performance accompaniments possible. If you have any suggestions for improving the MMO system, please feel free to contact us. You can reach us by e-mail at info@musicminusone.com.

len - - - te, del____ pri - gio - nie - ro

mi - - se - ro con - for - ta l'e - gra - men - te,____ com,

au - ra di spe - ran - - - za a -

leg - gia in quel la____ stan - - - za; lo

LA FORZA DEL DESTINO, Act IV

"Pace, pace, mio Dio..."

Giuseppe Verdi
(1813-1901)

ce, pa - ce, mio Di - o, pa - ce, mio Di - - - o!

con dolore

Cru-da sven - tu - ra m'a-strin - ge,ahi-mè,a lan -

guir;   co_____me il di pri - mo da tant' an - ni

lo - re co-tan-to Id-dio l'or-nò,   che l'a-mo an - cor,   nè to-glier-mi dal

co - re l'im-ma - gin sua sa - prò.   Fa-ta - - li

tà,_____ fa-ta-li-tà,   fa-ta-li - tà!   Un de-

lit - to dis-giun - ti n'ha___ quag - giù!   Al-va - ro, io

t'a - mo, e su nel____ cie - - lo è

scrit - to: non ti__ ve - drò mai più! Oh,

Di - o, Dio, fa ch'i o muo - o - ia; chè la

cal - ma può dar - mi mor - te sol. In - van la pa - - -

Un poco string.

pa - ce quest' al - ma in - van spe - rò.

Mi - se - ro

Allegro (♩= 144)

pa - ne, a pro - lun - gar mi vie - ni la scon - so - la - ta vi - ta. Ma chi

DON CARLO, Act V

"Tu che le vanita
conoscesti del mondo..."

Giuseppe Verdi
(1813-1901)

Allegro (♩ = 144)

tro - no del Si - gnor.

Recit.

Car - lo qui ver - ra!

Si!

Che par - ta e scor - di o - ma - i...

A Po - sa di - ve - gliar sui gior - ni suoi giu - ra - i. Ei

Allegro moderato (♩ = 100)

se - gua il suo de - stin, la glo - ria il trac - ce - rà. Per

me, la mia gior - na - ta a se - ra è giun - ta

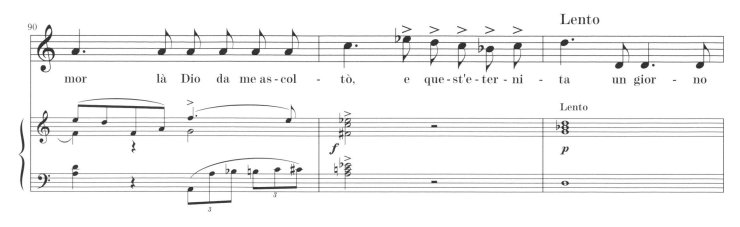

mor là Dio da me as-col - tò, e que-st'e-ter-ni - ta un gior - no

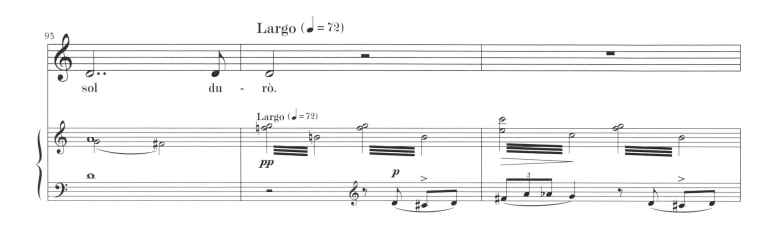

sol du - rò.

Tra voi, va-ghi giar-din di que - sta ter-ra i - bé - ra, se Car-lo an-cor do -

vrà fer-mar i pas-si a se - ra, che le zol - - -

UN BALLO IN MASCHERA, Act II

"Ecco l'orrido campo...
Ma dall'arido stelo divulsa"

Giuseppe Verdi
(1813-1901)

Ec-co l'or-ri-do cam-po o-ve s'ac-cop-pia al de-lit-to la

mor, che ti re - sta, che__ ti re - sta, mio po - ve - ro

cor!   Oh,   chi

pian - ge,   qual for - za m'ar - re - tra,   m'at - tra -

ver - sa la squal - li - da vi - a?   Su - co -

MUSIC MINUS ONE
50 Executive Boulevard
Elmsford, New York 10523-1325
800-669-7464 (U.S.)/914-592-1188 (International)

www.musicminusone.com
e-mail: mmogroup@musicminusone.com

Printed in Canada